Mis cinco sentidos

Veo	Oigo	Saboreo	Huelo	Toco

¡Puedo ver! Veo con los ojos.

¡Puedo oír! Oigo con los oídos.

¡Puedo oler! Huelo con la nariz.

¡Puedo saborear! Saboreo con la lengua.

¡Puedo tocar! Toco con los dedos.

Puedo hacer todo eso gracias a los sentidos.

Tengo cinco sentidos.

Cuando veo el sol, una rana,

o a mi hermanita,
uso el sentido de la vista:
Veo.

Cuando oigo un tambor,

un coche de bomberos

o un pájaro,

uso el sentido del oído:

Oigo.

16

Cuando huelo el jabón, un pino
o galletas recién horneadas,
uso el sentido del olfato:
Huelo.

Cuando bebo leche o como,
uso el sentido del gusto:
Saboreo.

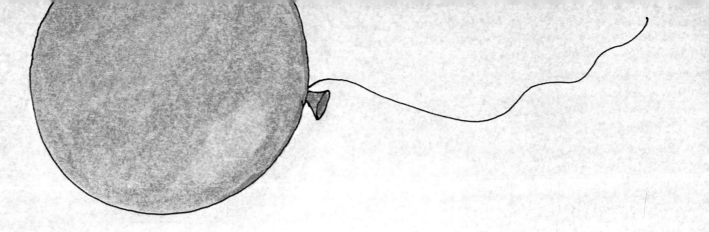

Cuando toco un gatito, un globo o el agua,
uso el sentido del tacto:
Toco.

Algunas veces, uso todos los sentidos al mismo tiempo.

Otras, uso sólo uno.

Me encanta jugar a adivinar qué sentidos uso.

Cuando miro la luna y las estrellas,

uso un solo sentido:

el de la vista.

Cuando río y juego con mi perrito,

uso cuatro sentidos:

la vista, el oído, el olfato y el tacto.

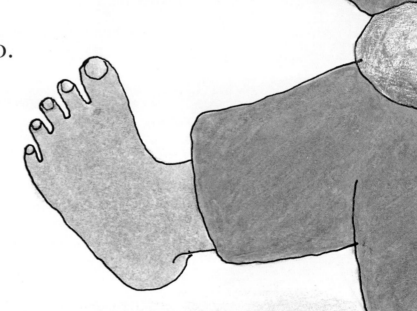

Cuando hago que la pelota rebote, uso tres sentidos:
la vista, el oído y el tacto.

A veces, uso un sentido más que otro.

Pero todos ellos son muy importantes
porque gracias a los cinco sentidos
me doy cuenta de lo que ocurre a mi alrededor.

Darse cuenta de lo que nos rodea es ver todo lo que hay que ver . . .

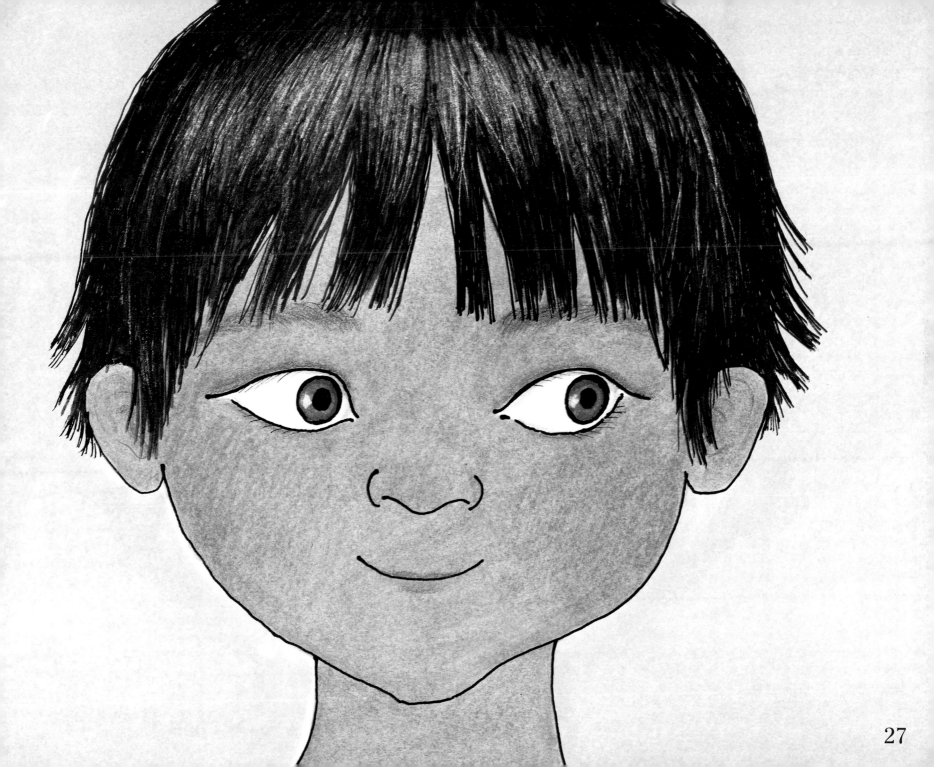

oír todo lo que hay que oír . . .

oler todo lo que hay que oler . . .

saborear todo lo que hay que saborear . . .

tocar todo lo que hay que tocar.

Mis sentidos trabajan
cada minuto del día.
No importa a dónde vaya
o lo que haga.

Gracias a ellos, me doy cuenta
de lo que pasa a mi alrededor.